Género Texto expositivo

Pregunta esencial

¿Cómo usamos el dinero?

Cómo ser un comprador inteligente

Jonathan Chen

Capítulo 1
Primeros pasos 2

Capítulo 2
En el supermercado. 6

Capítulo 3
Resolver y planificar 10

Respuesta a la lectura 15

LECTURA COMPLEMENTARIA El vellocino de oro 16

Glosario/Índice 19

Enfoque: Estudios Sociales. 20

CAPÍTULO 1 **Primeros pasos**

El dinero es importante. Es necesario tener dinero para comprar lo que necesitamos o queremos. La gente no quiere **derrochar** el dinero. Por eso es importante ser un comprador inteligente. Aquí te damos algunos consejos.

Un comprador inteligente siempre tiene un plan.

Blend Images/Getty Images

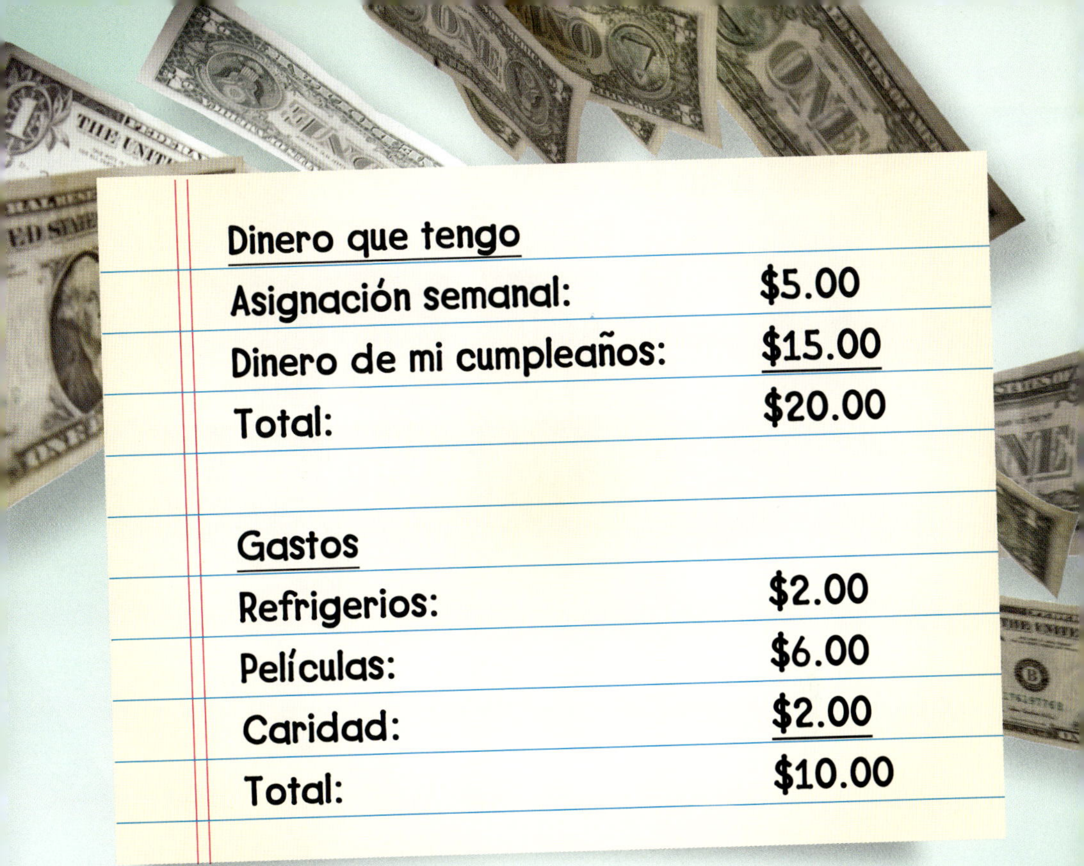

Dinero que tengo	
Asignación semanal:	$5.00
Dinero de mi cumpleaños:	$15.00
Total:	$20.00

Gastos	
Refrigerios:	$2.00
Películas:	$6.00
Caridad:	$2.00
Total:	$10.00

En un presupuesto, sumas las cantidades de dinero.

Necesitas un **presupuesto**. Esto es un plan para gastar o ahorrar dinero. Dice cuánto cuestan las cosas. También te dice cuánta plata tienes.

Mira el presupuesto de Sonia. Tiene dinero para refrigerios y películas.

Los periódicos anuncian productos con precios.

Comparación de precios

Tal vez tu familia quiera comprar algo. Puedes hacer una **comparación** de precios. Esto significa averiguar cuánto cuesta lo que quieren comprar en diferentes lugares. Puedes ir a las tiendas y verificar los precios.

Image Source/Getty Images

También puedes usar internet. Lo que quieres comprar podría ser más barato si lo compras por internet. Un comprador inteligente y digno valora mucho su dinero.

Al comprar desde la computadora también ahorras el dinero de la gasolina.

Monkey Business-LBR/age fotostock

AHORA COMPRUEBA

¿Por qué es importante ser un comprador inteligente?

CAPÍTULO 2 En el supermercado

Haz una lista antes de ir de compras. Este sistema es mejor que comprar sin un plan. Planificar por adelantado le dará más valor a tu dinero. De este modo, no comprarás cosas que no necesitas.

Lista de compras

leche
huevos
manzanas
zanahorias
lechuga

Una lista de compras hace que tu visita al supermercado sea más rápida.

Asegúrate de tener espacio donde poner lo que compras.

Ofertas y cupones

Muchos supermercados tienen ofertas. Mira qué anuncian los supermercados. ¿Hay algo en oferta que uses todo el tiempo? Es una buena idea comprar mucha cantidad de esos artículos.

Detective del lenguaje	Halla un adjetivo comparativo en la oración subrayada de la página 6.

Puedes encontrar cupones en el periódico.

Otra manera de ser un comprador inteligente es usar cupones. Los cupones indican una cantidad de dinero. Esa cantidad se resta del precio de un artículo. Busca cupones para lo que necesites comprar. Entrégaselos al empleado de la caja al pagar. ¡La persona que inventó los cupones era un comprador inteligente!

SelectStock/the Agency Collection/Getty Images

Recibos

Antes de regresar a casa, un comprador inteligente controla su **recibo**. Un recibo es un registro de lo que compraste. También muestra cuánto dinero pagaste.

Controla siempre que los precios estén bien.

AHORA COMPRUEBA

¿Por qué deberías hacer una lista de compras?

Comstock/PunchStock

CAPÍTULO 3

Resolver y planificar

Resolver compartiendo

¿Alguna vez deseaste algo que costaba demasiado? Tal vez tú y tu hermana quieren tener bicicletas. Pero tu familia tiene dinero para comprar una sola. Pueden compartir la bicicleta.

Compartir las cosas es una buena manera de ahorrar dinero.

Steve Gorton/Dorling Kindersley/Getty Images

Puedes invitar a tus vecinos a jugar juntos.

También puedes compartir con los vecinos. ¿Por qué no comprar un solo equipo de videojuegos? <u>Comprar un equipo es más barato que comprar varios.</u> Pueden turnarse para usarlo. Haz un plan para saber qué días te tocará jugar.

Detective del lenguaje	¿Qué palabras forman un adjetivo comparativo en la oración subrayada?

Planificar con tiempo

Sonia y su familia quieren visitar un parque de diversiones. Tienen un problema. No saben cuánto costará la salida.

Cuando algo vale mucho dinero, es buena idea planificarlo con cuidado. La familia de Sonia decidió que se iba a adelantar y hacer una **investigación**. Primero, averiguaron cuánto costarán las cosas. Luego, hicieron una gráfica.

BanksPhotos/E+/Getty Images

Haz un plan antes de una salida.

La gráfica muestra los costos para cada persona que irá al parque. El almuerzo y los refrigerios costarán $6.00. Los juegos costarán $8.00, y las atracciones, $10.00. La familia de Sonia analizó el presupuesto. Cada uno tenía $25.00 para gastar. ¡Tenían dinero suficiente para el paseo!

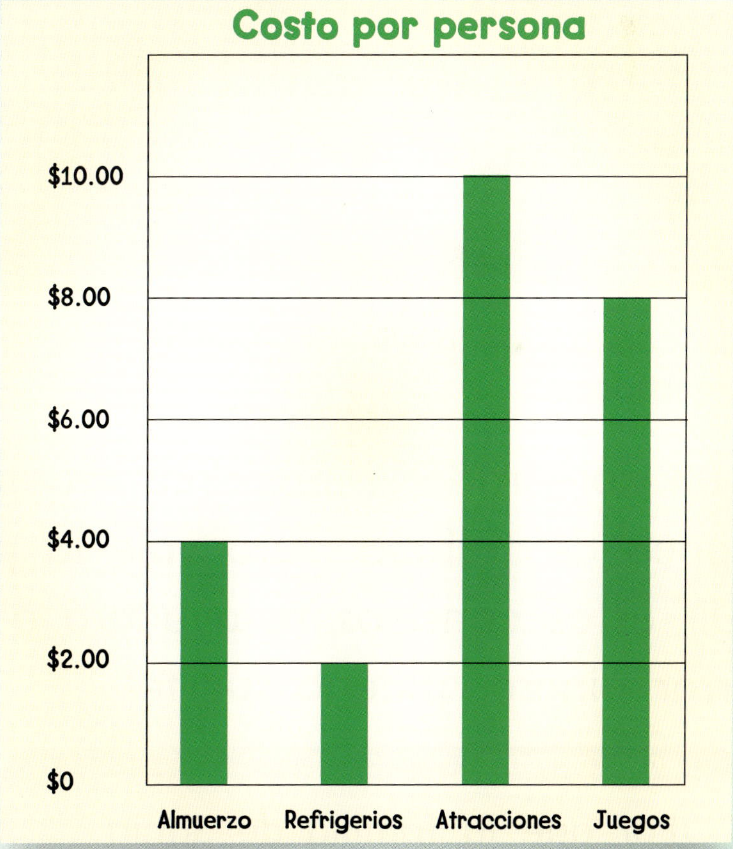

Planificar te ayudará a no salirte de tu presupuesto.

Ser un comprador inteligente puede ser divertido.

Ser un comprador inteligente requiere un poco de trabajo. Pero vale la pena. Seguir estos consejos te ayudará a ahorrar dinero. ¡Buena suerte!

AHORA COMPRUEBA

¿Por qué la familia de Sonia hizo una gráfica?

Image Source/Getty Images

Respuesta a la lectura

Resumir

Usa detalles importantes para resumir *Cómo ser un comprador inteligente.*

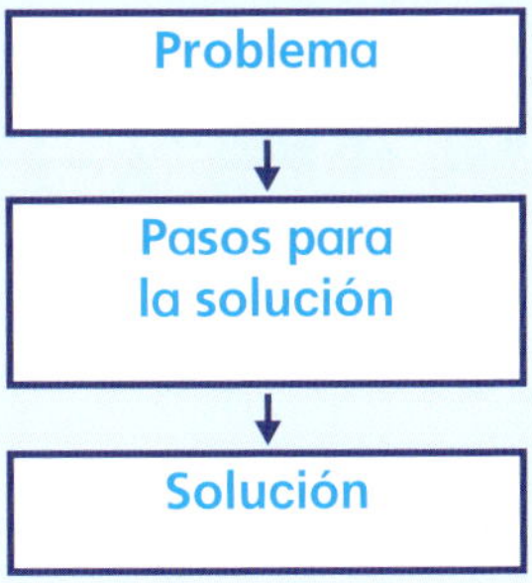

Evidencia en el texto

1. ¿Cómo sabes que este texto es expositivo? **Género**
2. ¿Qué haces si no tienes suficiente dinero para algo? **Problema y solución**
3. Usa claves en el párrafo para deducir el significado de *consejos* en la página 2. **Claves en el párrafo**
4. Escribe sobre qué es hacer una comparación de precios y qué problema resuelve. **Escribir sobre la lectura**

Género Mito

Compara los textos

Lee un mito sobre perseguir algo valioso.

El vellocino de oro

Jasón debía ser el rey, pero un hombre malvado era rey de su tierra. Jasón sabía que debía encontrar el vellocino de oro para recuperar su tierra. El vellocino de oro era una lana especial. Era difícil de encontrar. Jasón y algunos hombres dignos partieron en barcos para buscarlo.

Illustration: Jason Bryant Parker

El viaje fue aterrador para Jasón y sus hombres. Debieron luchar contra monstruos y hubo tormentas. Les llevó mucho tiempo encontrar el vellocino de oro, pero al fin lo hallaron. Jasón y sus hombres lo llevaron de vuelta a casa.

Jasón le dio al rey el vellocino de oro. Le pidió el trono, pero el codicioso rey dijo que no. Persiguió a Jasón y sus hombres, pero no pudo alcanzarlos. Jasón pasó el resto de su vida escondiéndose del rey. Nunca pudo convertirse en rey, ¡pero vivió muchas aventuras!

Illustration: Jason Bryant Parker

Haz conexiones

¿Por qué necesitamos tener dinero? **Pregunta esencial**

¿Qué es valioso para distintas personas en ambos textos? **El texto y otros textos**

Glosario

comparación mirar en qué se parecen o en qué se diferencian las cosas ***(página 4)***

derrochar gastar dinero sin pensarlo o en cosas innecesarias ***(página 2)***

investigación proceso de averiguar datos o reunir información ***(página 12)***

presupuesto plan de gastos de dinero ***(página 3)***

recibo papel que muestra lo que compraste y cuánto costó ***(página 9)***

Índice

comparación de precios, *4–5*

compartir, *10–11*

cupones, *8*

gráfica, *12–13*

lista de compras, *6*

ofertas, *7*

presupuesto, *3, 13*

supermercado, *6–9*

Enfoque:

Estudios Sociales

Propósito Hacer y leer la gráfica de barras de un presupuesto

Paso a paso

Paso 1 Con un compañero o una compañera, creen una gráfica para un paseo como la de la página 13.

Paso 2 Decidan cuál es la cosa que más cuesta.

Paso 3 Decidan cuál es la cosa que menos cuesta.

Paso 4 Comenten por qué es importante planificar antes de gastar dinero.